保護自己有絕招
③

我要大聲說不！

避免性侵和家暴的傷害

嶋崎政男・監修　住本奈奈海・繪　周姚萍・譯

小天下

嘿，
小安和小全，
最近往陽光公園的路上，出現了很奇怪的人。
你們知道嗎？

小紅豆
陽光社區的小狗，是大家的好朋友，可以一起玩耍，一起商量事情。

我看過那個男的，
他還掀開外套，
脫掉褲子，
我嚇到腿發軟，
跑都跑不動。

什麼？
有這麼變態的人？
真噁心。

小全
活潑好動的小男生，喜歡踢足球。

小安
安靜溫柔的小女生，和小紅豆感情很好。

小桃，
你知道這件事嗎？

小桃
小安的好朋友，是個文靜乖巧的女生。

……

2

在現代社會中，有些壞人會做出傷害孩子
身體或心理的事，很讓人擔心。
這些人可能突然出現在你面前，
強迫你做不願意做的事，或假裝很有愛心，
對你說：「要不要我開車送你？」
更令人難過的，這些人也可能是你身邊的熟人。
有的爸媽甚至會對孩子說：「這是為你好。」
把你痛打一頓，還不給你飯吃。
然而，不管發生什麼事，你一定要好好的
保護自己才行。
萬一真的被人傷害了，你要怎麼辦呢？
大家一起來想想看吧！

阿通爺爺
陽光社區裡最有學問的老爺爺，
隨時隨地注意小孩子的安全。

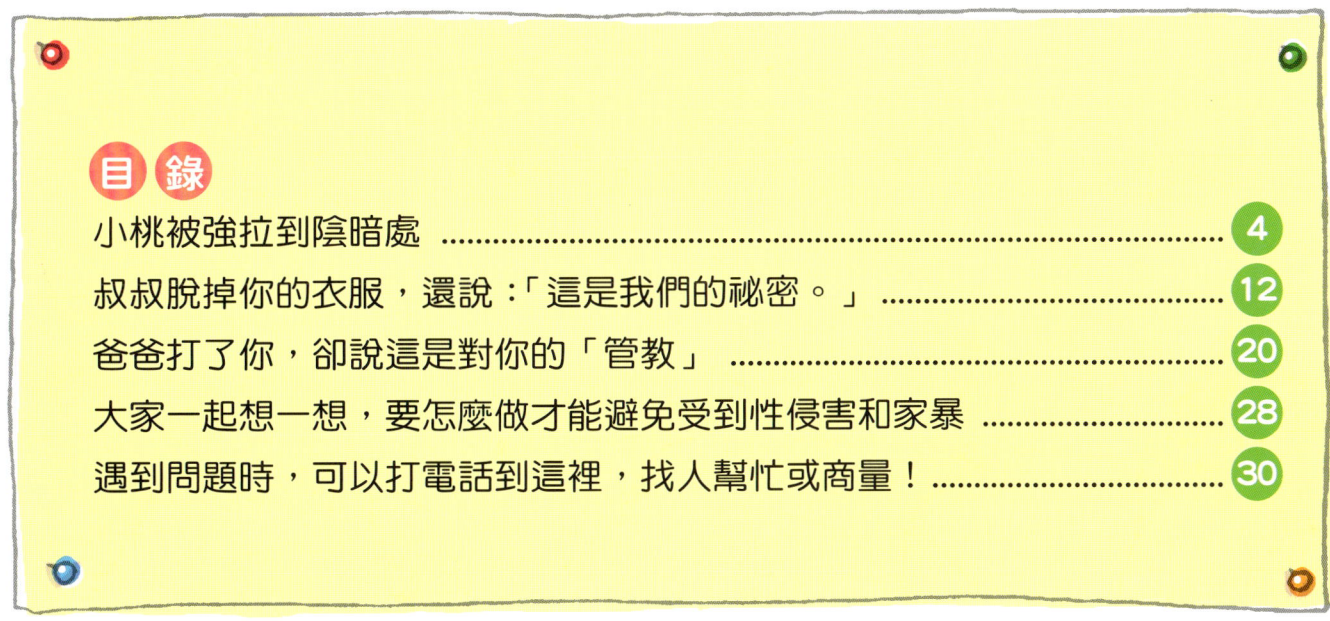

目錄

小桃被強拉到陰暗處	4
叔叔脫掉你的衣服，還說：「這是我們的祕密。」	12
爸爸打了你，卻說這是對你的「管教」	20
大家一起想一想，要怎麼做才能避免受到性侵害和家暴	28
遇到問題時，可以打電話到這裡，找人幫忙或商量！	30

小紅豆，
我有事情
想跟你說……

小桃，
你怎麼了？

小桃被強拉到陰暗處

放學回家時,
我突然想到
有東西放在教室裡
忘記拿,因為
小安已經先走了,
我只好自己抄捷徑
回學校拿。

那條小路又暗又窄,
我知道自己一個人
不可以走那裡,
但是天還很亮,
我又很急……

走著走著,
突然,
房子旁邊
陰暗的地方,
跳出一個
我不認識的人。
他抓住我的手,
把我強拉到
陰暗的巷子裡。

那個男的摀住我的嘴巴，不讓我叫出聲音來。
我好害怕好害怕，一直發抖，
全身都沒力氣了，動也動不了。
接下來，那個男的就在我身上摸來摸去。
我覺得很害怕，所以哭了起來。
那個男的還掀我的裙子，想要脫下我的內褲，
我鼓起所有的勇氣，用力咬了他的手，
大叫：「不要──」

小桃好可憐，
遇到這麼可怕的事。
如果是你們
遇到這種事，
會怎麼做呢？

性侵害是絕對不被容許的事！

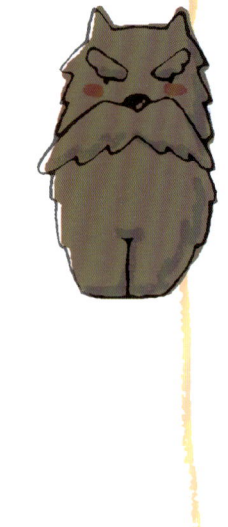

你們能充滿活力的度過每一天，是因為擁有從爸媽那裡得來的、唯一而珍貴的身體，所以你的身體非常重要，必須好好保護，不能被任何人傷害。

不過，很不幸的，有些惡劣的大人，會想要傷害你的身體。這些大人往往趁著旁邊沒有其他人的時候，把你帶走，脫掉你的衣服，在你身上亂摸，做一些很奇怪、讓你覺得很討厭的事。這種事就叫做「性侵害」。

你必須遠離性侵害，因為它會深深傷害你的身體和心理。不管是誰，都不能對你做這種事。

因此，平常就要避免一個人外出，也不要一個人跑到陰暗、沒有人走動的地方。另外，要是心中覺得「好像不對勁」、「我不喜歡這樣」時，一定要提高警覺才行。

你的身體是非常珍貴的，要好好珍惜

你的身體是爸爸和媽媽給的，非常珍貴，別人不能隨便亂碰。要是你在被強迫的狀況下，被別人亂碰身體，因此造成傷害，這就叫做「性侵害」。

當你的身體受傷了，心理同樣也會受傷。所以不管任何人，都不應該對你造成這樣的傷害。

你是爸爸的寶貝喔！

要好好的珍惜你自己。

心裡覺得「好像哪裡不對勁」的時候，就要特別小心

壞人往往趁你一個人，或是周遭沒有別人的時候，鎖定你當目標。

即使無法說清楚，但當你聽到心裡發出「好像哪裡不對勁」的聲音時，就應該馬上逃離那個地方。

因為你的直覺可以幫助你遠離危險、保護自己的安全。

> 這條路上的人怎麼比平常少？
> 要小心一點。
> 你今天好可愛。
> 老師怎麼不太一樣？

這麼做，可以避免發生性侵害

- 不要單獨一個人。
- 不要靠近停放在路邊的車子。
- 當陌生人或不太熟悉的人跟你搭訕時，絕對不要跟他走。
- 要是覺得「哪裡不對勁」，就馬上逃走。

- 不要去別人看不見的陰暗處。

> 小妹妹！

> 沒有人想要遇到這麼討厭的事吧！為了保護自己的身體，到底要怎麼做呢？翻到下一頁，大家一起想想吧！

如果你受到傷害，一定要記住，錯的是壞人，你絕對沒有錯！

有時候就算你已經很小心避免了，還是有可能遇到危險。

在日常生活中，避免和陌生人說話、不走人少的道路、不靠近停在路邊的車子，儘管你都遵守這些原則，還是有可能在落單的時候，甚至在很短的時間內，讓壞人得逞。

如果你被侵害了，你的身體和心理必定受到很大的傷害，不但會很沒安全感，還可能會以為是自己不好才會遇到這種事。然而，犯錯的是向你做出這種事的人，你一點都沒有錯。

如果發生這樣的事，千萬不要默默煩惱痛苦，要和家人或老師商量。把事情說出來，不會有人怪你的。

你一點都沒有錯！

如果你遇到這種令人討厭的事，
心裡可能這麼想：

> 很不安，害怕得不得了。

→

> 會遇到這種事，都是我的錯。我是個壞小孩。

→

> 把不開心的事忘掉吧！假裝什麼事都沒發生過。

↓

> 可是，真的很痛苦、很難過吔。我該怎麼辦？誰來救救我！

> 做錯事的人不是你。
> 不要獨自煩惱，試著和家人說說看。

如果遇到了討厭的事，該怎麼辦？

● 大聲喊：「不要！」

● 朝著明亮、有人的地方大喊，並按下防身警報器。

● 要是被抓住，就拚命抵抗。

喀滋

咬對方的手

踩對方的腳，踢他的腿……

● 要是有人強拉你走，馬上蹲下來，絕對不要動。

加油

像穿山甲一樣把身體縮起來，緊緊捲成球形。

請練習當你遇到緊急狀況時，要怎樣逃走（請參考第28頁）。不知道小桃後來怎麼樣了？

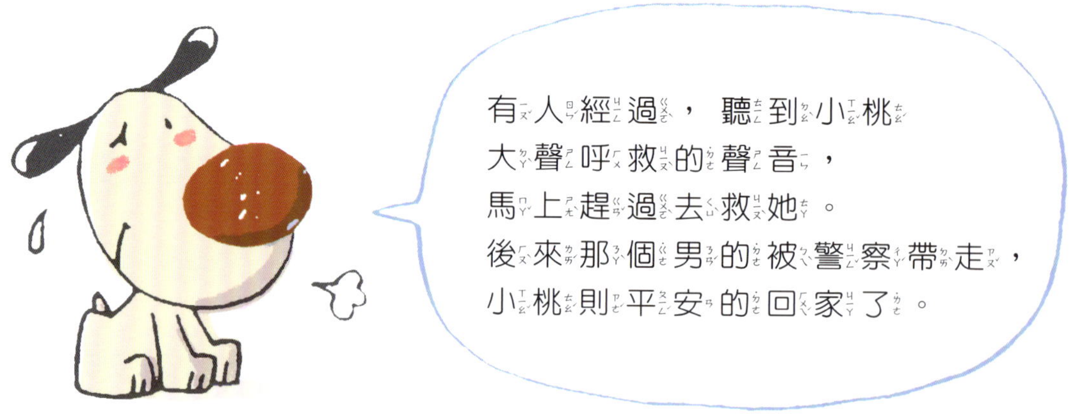

有人經過，聽到小桃大聲呼救的聲音，馬上趕過去救她。後來那個男的被警察帶走，小桃則平安的回家了。

1

2 小桃，你發生什麼事？跟媽媽說好嗎？

3 媽媽，我……

4 好可怕！謝謝你告訴媽媽。不管發生什麼事，都不是小桃的錯喔！

太好了,小桃把她遇到的事告訴了媽媽。

嗯,小桃一點也沒錯。

是啊,小桃雖然不應該走那條陰暗的小路,但是做錯事的人不是她,是那個企圖侵犯小桃的壞人。

如果有人想要侵犯你,請這麼做!

- 大聲喊:「不要!」並且趕快逃走。
- 要是被抓住,就拚命反抗。
- 不要覺得這是你的錯。
- 找一個能信賴的人,跟他商量。

叔叔脫掉你的衣服，還說：「這是我們的祕密。」

小全的叔叔很親切，
常常跟小全一起玩，
小全也很喜歡他，
可是，有一天，
發生了這樣的事……

跟媽媽說我遇到的事，會不會比較好呢？

哈哈哈

你看這隻蝴蝶！

小全長大了，
把衣服脫下來，
讓叔叔看一下。

咦？

我們來玩變身遊戲吧！

喔，好。

這是我們的祕密，不要跟爸爸說，也不要跟媽媽說喔。

嗯，好……

好奇怪……

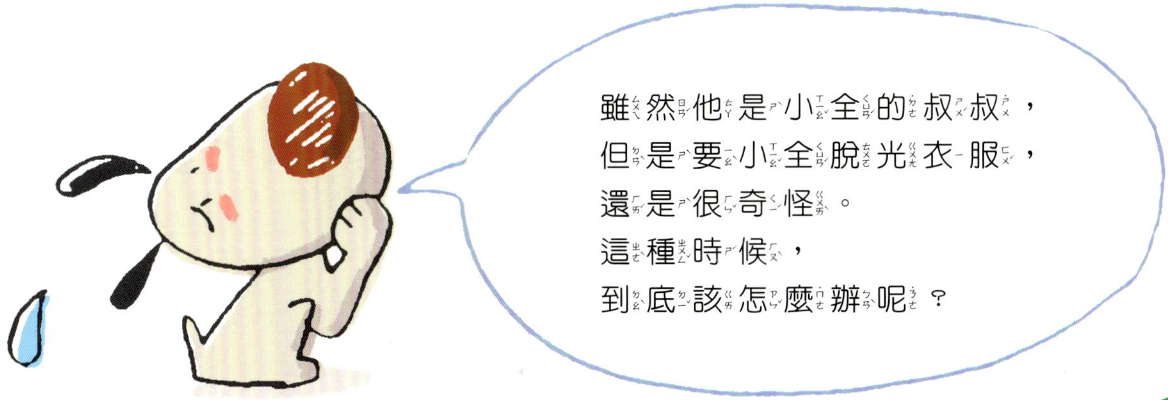

雖然他是小全的叔叔，但是要小全脫光衣服，還是很奇怪。這種時候，到底該怎麼辦呢？

要分得清楚什麼是「好的接觸」，什麼是「不好的接觸」

當媽媽抱住你的時候，你有什麼感覺？可以聞到媽媽的味道，覺得很溫暖。這就是「好的接觸」，接觸時會覺得很高興、心情很好。

相反的，「不好的接觸」，會讓你覺得不舒服、很討厭，像是被打、被踢的時候，會因為疼痛而感到害怕。有人擅自摸你的身體時也是一樣，會讓你產生怪異、討厭的感覺，有些孩子甚至會害怕到腦筋一團亂，不知道該怎麼辦。

你的身體非常重要，某些部分更需要特別保護，這些部分就是穿泳衣時遮住的地方；那也正是只有你自己才能摸的「只屬於自己的地方」。就算是跟你很熟悉的人，如果隨便觸摸這些「只屬於自己的地方」，就是「不好的接觸」，這時候，千萬不要忍耐，要大聲喊：「不要！」、「住手！」並且逃走。

身體特別重要的部位在這裡

自己的身體只屬於自己，別人是不能隨便摸的，其中更有只有你自己才能碰、特別重要的地方。這本書裡稱這些地方為「只屬於自己的地方」，也就是「只屬於你的地方」。

要是別人擅自或強迫你，讓他看或摸這些地方，你要大喊「不要」，並且馬上逃走。

穿泳衣時遮住的地方，就是「只屬於自己的地方」

感覺愉快就是「好的接觸」；
感覺不愉快就是「不好的接觸」

好的接觸

好舒服
感到高興
覺得安心

不好的接觸

好痛
好害怕
覺得很怪異、很討厭。

你很喜歡抱你、摸你的人，對方也很重視你。所以你會覺得很愉快。

被毆打，
被亂摸胸部或屁股，
會覺得很不舒服。
如果遇到這種狀況，
要馬上離開、逃走。

你分得清楚
「好的接觸」和
「不好的接觸」嗎？
那些很重視你的人，
是不會對你做出
「不好的接觸」的。

有些「祕密」是可以對別人說的喔！

「這是我們的祕密喔！」「如果跟別人說，你就慘了。」「不會有人相信你的話！」有些人對你做了壞事後，會說這樣的話來騙你或嚇你。

因為這些壞人知道他們做了不對的事。要是你跟別人說了這件事，他們就會有麻煩。

如果遇到令你感到很厭惡的事情，一定要告訴家人、老師等能夠信賴的人，他們不會生你的氣，反而會對你說：「你能說出來，真是太好了。」並給你一個溫暖的擁抱。

另外，千萬不要認為是自己的錯。錯的是做了這件事的人。拿出勇氣，找人商量吧！

有些時候你並不需要保守祕密

要是遇到了很討厭的事，就算對方跟你說「這是我們的祕密喔」，你也不需要聽他的，也就是不用保守祕密。

一定要把發生在你身上的事，告訴值得信賴的大人。

噓，這是我們的祕密，不能跟別人說喔！

感覺好奇怪……

遇到討厭的事,就大聲說:「不要!」

要是覺得「好像哪裡怪怪的」,要馬上逃走,遇到討厭的事,就要大聲的說:「不要!」

「不要!」是可以用來保護自己的一句話。

來換衣服吧!

不要!

找一個能信賴的人商量

當你和一個人在一起,感到安心、舒服,那個人就是你能相信的人。當你跟這個人說出自己實際發生過的事,他一定不會生氣。另外,受過專業訓練的人也會仔細聽你說,幫助你受傷的心靈得到復原。

你周圍的每一個大人都會保護你的。

阿姨,我……

已經沒事了。

我遇到了這樣的事。

這樣做就對了!但是,小全下一次再遇到叔叔時,會怎樣呢?

17

叔叔來到小全家，走進小全的房間裡，再次對小全說要玩變身遊戲。

1. 嗨，小全，我們再來玩上次那個變身遊戲吧！

2. 不要！那個遊戲讓我覺得很不舒服，我不要！

3. 可惡　噠

4. 媽媽，叔叔……
小全，你能說出來，太好了。

> 沒錯，小全一點都沒有錯。為什麼要保守祕密啊！

> 嗯，後來媽媽開始幫我注意叔叔。叔叔也就沒有再來我家了。

太好了

嗯嗯

要是發生令你討厭的事，請這麼做！

- 堅決的說：「不要！」
- 不保守祕密。
- 把事情告訴值得信賴的人。
- 遠離會做出這種事的人。

爸爸打了你，
卻說這是對你的「管教」

小安發現同學小裕的
手上好像有瘀青，
便問他：「怎麼了？很痛嗎？」
他卻搖搖頭沒有回答。
到底小裕遇到了什麼事呢？

> 小裕最近好像沒什麼精神。

> 喂，小裕，筷子是這樣拿的嗎？

你怎麼吃的！

不准掉出來！

我罵你是為你好，知道嗎？

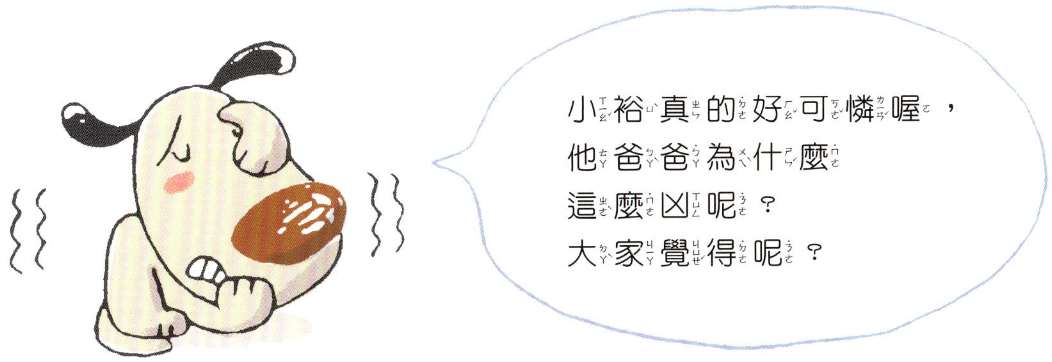

小裕真的好可憐喔，他爸爸為什麼這麼凶呢？大家覺得呢？

家暴
是絕對不被容許的事

大家都有過這樣的經驗吧，家人對你說：「不可以去那裡」，你卻偏偏跑去；老師對你說：「不可以做這種事」，你卻偏偏去做，因此就挨罵了。

會被責備是因為你做了不該做的事，但是當你知道錯了，並且道歉說「我下次不會了」，大人就不會再大聲罵你、吼你、打你。

儘管大人說「那樣是為你好」、「我是在教你」，然而，你的身體和心理卻受到很大的傷害，這就是所謂的「家暴」。

任何人都不能單方面的罵別人、打別人。假使你被罵、挨打，那絕對不是你的錯。

你不應該無緣無故的挨罵

你曾遇過這種狀況嗎？沒做什麼不好的事，卻被罵是「壞小孩」、「笨蛋」；雖然做錯了事，認真的反省道歉了，還是被痛打一頓。

如果是這樣，這不是你的錯喔，你應該抬頭挺胸，不應該垂頭喪氣。

> 我沒做什麼不對的事。

嗯。

爸媽對你做過這種事嗎？你心裡有什麼感覺？

- 不給你飯吃、不讓你洗澡。 
- 不給你乾淨的衣服換穿等。
（也就是故意忽視你）

肚子好餓喔！

好臭！

沒有衣服可以換，到學校會被取笑，我不想去上學了。

- 被打、被潑水。

好難過。

- 被鎖在房間裡，沒辦法出去。

好無助。

- 一直用難聽的話罵你。

笨死了！
壞小孩。
慢吞吞的。
我不想再聽了。

- 把你關在門外，不讓你進去。

因為我是壞孩子。

當你遇到這些狀況時，要怎麼辦呢？請翻到下一頁，想想看可以怎麼做。

23

當你受到家暴時，請跟值得信賴的人商量

現在，你是否在家人、朋友的圍繞下，在一個很安心的地方，幸福的過著每一天呢？我很希望每一個人都能夠這樣。

然而，不幸的是，有時候你身邊的大人，卻會用言語或暴力來傷害你、辱罵你。這樣的狀況是你不應該遇到的。

萬一你真的遭遇到這種狀況，而且受到傷害，請和你身邊值得信賴的人聊一聊。

儘管傷害你的人說「要保守祕密喔」，但千萬不要聽他的，找一個能夠信賴的人，跟他商量。這麼做可能需要勇氣，也可能會讓你覺得難為情，不過只有這麼做，大家才有辦法保護你。

不要保守祕密，要尋求協助

如果你一直不說出口，相同的事情很可能繼續發生。

找一個能信賴的人聊一聊，就可以減輕你心裡的痛苦和難過。

> 不准對別人說！

> 我是為你好才這麼做。

> 可是，我再也不想被打，再也不想被罵了。

> 誰來救救我？

24

試著跟能夠信賴的人聊一聊，商量怎麼解決

嘿，阿通爺爺，能夠信賴的人是怎樣的人啊？

嗯，如果跟這個人在一起，讓你覺得很舒服、心情很輕鬆，這個人就是值得信賴的人。有些事情，年紀小的你可能還沒辦法解決，試著跟值得信賴的人商量看看，一定可以得到幫助。

親近的人

- 爸爸
- 媽媽
- 爺爺
- 奶奶
- 學校或補習班的老師
- 叔叔、舅舅、姑姑或阿姨

傾聽你煩惱的社工人員

嗯，在你身邊是不是有這些人呢？小百合在下一頁就跟她的班導商量喔。

小全的同學小百合，很會彈鋼琴，不過，她最近老是被媽媽罵。

彈得太差了！你真的很笨耶！

啪嗒！

老師，我……

原來發生這種事。好，老師來說說看。

只是彈錯一個小地方，也還好嘛！

是啊……

最近，小百合的媽媽煩惱特別多，心情很不好。

所以她才會對小百合那麼嚴格。

有的大人會因為自己不順利，或是小時候曾經受過家暴，而對自己的小孩做出言語或身體的傷害。

好可愛！

好癢喔！

如果受到家暴，請這麼做！

- 不要保守祕密。
- 不要忍耐。
- 告訴你可以信賴的人。

大家一起想一想,要怎麼做才能避免受到性侵害和家暴

大家是不是都已經知道,自己的身體很重要,要好好保護,避免受到別人的傷害?
大家應該也都知道,為了不受傷害,平常必須注意哪些地方了吧?
但是,如果真的受到性侵害或家暴時,一定要清楚大聲的說:「不要!」
而且要找可以信賴的人商量。
為了讓自己能夠安心、愉快的度過每一天,大家一起來做下面的練習吧!

和家人一起練習!

- 和陌生人保持兩隻手臂張開的距離。
- 練習大聲喊叫。

當你快被抓住的時候

- 用盡全力咬對方的手。
  請爸爸戴上手套讓你練習,這樣就不會痛了。
- 用力踩對方的腳,踢他的腿。

這些事情你應該都知道了吧！還記得嗎？

- 自己的身體是很重要的。
- 不要自己一個人。
- 不要跑到別人看不見的陰暗處。
- 不要靠近停在路邊的車子。
- 被陌生人搭訕時，絕對不能跟他走。
- 如果覺得「哪裡不對勁」，就馬上逃走。
- 不要接近行為怪異的人。
- 遇到令人討厭的事，大喊：「不要！」然後逃走。
- 如果有人對你做出「不好的接觸」，馬上逃走。
- 不保守祕密，不忍耐。
- 找一個值得信賴的人和他商量。

- 請爸爸從後面撲過來抓你，你則迅速的縮起手臂，做出「裝可愛」的姿勢蹲下來，躲開爸爸的雙臂後，趕快逃走。

裝可愛的姿勢

當你快被拉走的時候

- 用盡全力蹲下來，緊緊抱住膝蓋，把自己變得像穿山甲一樣，縮成一團。保持這種姿勢，就算大人，也很難把你抱走。

在有人來救你之前，絕對不要亂動！

遇到問題時，可以打電話到這裡，找人幫忙或商量！

● 113保護專線：113　　● 緊急報案電話：110

這兩個號碼一定要記住！當你很煩惱、想找人商量的時候，可以打113保護專線；當你遇到生命危險、需要求救的時候，可以打110，警察會馬上來救你。這兩個號碼是24小時的服務專線，隨時都有人接聽，千萬不要忘記！

喂～喂～

縣市名	單位名	電話號碼
全國	家防會申訴專線	（02）89127378
全國	內政部家庭暴力及性侵害防治委員會	（02）89127331 分機 135
基隆市	基隆市政府婦女兒少福利課	（02）24201122 分機 2205
台北市	台北市政府社會局（台北市性騷擾防治委員會）	市話手機直撥 1999 （02）27208889
台北市	台北市政府家庭暴力暨性侵害防治中心	（02）23961996
新北市	新北市政府家庭暴力暨性侵害防治中心	（02）89653359
新北市	新北市政府社會局社會工作科	市話手機直撥 1999 （02）29603456 分機 3801~2、3811~8、3732~3、3735
桃園縣	桃園縣政府家庭暴力暨性侵害防治中心	（03）3322111
新竹市	新竹市政府家庭暴力暨性侵害防治中心	（03）5216121 分機 406、426
新竹縣	新竹縣政府婦幼福利及社會工作科	家暴：（03）5518101 分機 3147、3150、3166 性侵害：（03）5518101 分機 3146
苗栗縣	苗栗縣政府家庭暴力及性侵害防治中心	（037）360995
台中市	台中市政府家庭暴力暨性侵害防治中心	（04）22289111 分機 38800
彰化縣	彰化縣政府家庭暴力及性侵害防治中心	（04）7252566

縣市名	單位名	電話號碼
南投縣	南投縣政府家庭暴力暨性侵害防治中心	（049）2209290
雲林縣	雲林縣政府社會處	（05）5522560
嘉義市	嘉義市政府社會處	（05）2254321
嘉義縣	嘉義縣政府家庭暴力暨性侵害防治中心	（05）3620900 分機 230
台南市	台南市政府社會局	（06）2991111
高雄市	高雄市政府家庭暴力及性侵害防治中心	（07）5355920
屏東縣	屏東縣政府社會處社會工作科	（08）7378821
台東縣	台東縣政府家庭暴力及性侵害防治中心	（089）320172
花蓮縣	花蓮縣政府社會工作科	（03）8224523 （03）8227171 分機 392、393、440
宜蘭縣	宜蘭縣政府社會工作科	（03）9328822 分機 245、262、278
澎湖縣	澎湖縣政府社工婦幼科	（06）9274400 分機 394 （06）9264068
金門縣	金門縣政府家庭暴力暨性侵害防治中心	（0823）73000
連江縣	連江縣政府社會課	（0836）22381 分機 23~28

下面這些地方可以提供全國各地的孩子協助。如果你很煩惱，不知道怎麼辦又找不到人商量時，打電話到這些地方試試看！

親子可以一起利用這些資源。

痛苦到不想活的時候，請等一等，先打電話到這裡找人談一談。

生命線：1995
張老師：1980
自殺防治安心專線：0800-788-995

當然，如果能跟你親近的人商量也很好。

縣市名	單位名	電話號碼
基隆市	基隆市社區心理衛生中心	（02）24300193~5
台北市	台北市社區心理衛生中心	（02）33936779
新北市	新北市社區心理衛生中心	（02）22572623
桃園縣	桃園縣社區心理衛生中心	（03）3325880
新竹市	新竹市社區心理衛生中心	（03）5234647
新竹縣	新竹縣社區心理衛生中心	（03）6567138
苗栗縣	苗栗縣社區心理衛生中心	（037）332565 （037）332621
台中市	台中市社區心理衛生中心	（04）23801180 分機 536、537、560 （04）25155148
彰化縣	彰化縣社區心理衛生中心	（04）7127839
南投縣	南投縣社區心理衛生中心	（049）2209595
雲林縣	雲林縣社區心理衛生中心	（05）5373488
嘉義市	嘉義市社區心理衛生中心	（05）2338066
嘉義縣	嘉義縣社區心理衛生中心	（05）3621150
台南市	台南市社區心理衛生中心	（06）3352982 （06）3359900 （06）2608365
高雄市	高雄市社區心理衛生中心	（07）3874649~50 （07）7331038
屏東縣	屏東縣社區心理衛生中心	（08）7370102 （08）7370123
台東縣	台東縣社區心理衛生中心	（089）336575
花蓮縣	花蓮縣社區心理衛生中心	（03）8351885
宜蘭縣	宜蘭縣社區心理衛生中心	（03）9367885
澎湖縣	澎湖縣社區心理衛生中心	（06）9272162 分機 309
金門縣	金門縣社區心理衛生中心	（082）337885
連江縣	連江縣社區心理衛生中心	（083）622095 分機 103

請家人幫你寫下來

● 學校電話號碼

● 住家附近的警察局電話號碼

● 爸爸公司的電話號碼

● 爸爸的手機號碼

● 媽媽公司的電話號碼

● 媽媽的手機號碼

你也要能說出家裡的地址和電話號碼喔

地址

電話號碼

不喜歡的事就說「不」，你要有這樣的勇氣

嶋崎政男（東京福生市教育委員會顧問）

有些人覺得「因為是小孩子」、「因為比我弱小」，就對小孩施加暴力或是性侵害。

這當中有人只是路過，你根本就不認識他；也有人是你身邊的熟人，常跟你一起玩；甚至連你的家人，也可能對你做出你不喜歡的事。

如果遇到這種狀況，應該怎麼辦呢？

「是我不好」、「這是我們的祕密，不能跟別人說」、「他是我親近的人，只好忍耐」，這些想法都是不對的。

犯錯的是做壞事的人，被傷害的人一點錯都沒有。

所以，如果被亂摸而感到不舒服，或身體受到暴力傷害，就要清楚的說出「不要！」、「住手！」趕快逃走也是正確的做法。即使對方是你認識的人，你也不需要忍耐。

另外，不可以把遇到的壞事當成祕密不說，不可以把你遇到的壞事藏在自己心裡。

做了壞事的人會恐嚇你說：「要是你跟別人講，小心後果會更慘喔！」然而，如果你真的不說，他就會做出更不好的事。所以請一定不要保守祕密。

遇到了不喜歡的事，要找可以信賴的人商量，如果怕家人或老師擔心，也可以對值得信賴的叔叔或阿姨說。

讀了這本書後，如果讓你心中生出勇氣，那就別再獨自煩惱了。不喜歡的事就要大聲說「不要！」，才能自己保護自己！

監修／嶋崎政男（嶋﨑政男）

日本東京都立大學心理系畢業後，擔任東京都公立中學教師、都立教育研究所學校教育諮詢研究室教師顧問、杉並區天沼中學校長等職。目前為東京福生市委員會顧問、日本學校教育諮詢學會事務局長等。編著有《解析霸凌》、《學校危機管理手冊》等。

繪者／住本奈奈海（すみもと ななみ）

1963年出生於日本橫濱，畢業於多摩美術大學美術設計系。在廣告公司、製作公司擔任美術設計，1994年成立名為「香料」的設計工作室，之後轉任插畫工作，主要參與雜誌、書籍的編繪工作。

譯者／周姚萍

小說家、童書作家、翻譯家。得過無數獎項，包括行政院新聞局金鼎獎優良圖書推薦獎、聯合報讀書人最佳童書獎、幼獅青少年文學獎，以及九歌文學獎的年度童話獎等。

除了創作，她也翻譯日本文學作品，代表譯作有《班上養了一頭牛》、《小小桃子貓美容院》、《約翰醫生的動物醫院》、《狐狸的溜冰鞋》、《遊樂園今天不開門》等。

> 學會這些絕招就不用害怕了！

小天下
2002年10月創立

保護自己有絕招 ❸

我要大聲說不！
避免性侵和家暴的傷害

監修／嶋崎政男　繪者／住本奈奈海　譯者／周姚萍
編輯顧問／林文寶　小天下編輯部總監／執行副總編輯／李黨
責任編輯／張文玉　封面設計暨美術編輯／楊雅竹（特約）
出版者／天下遠見出版股份有限公司
創辦人／高希均、王力行
遠見・天下文化・事業群　董事長／高希均　事業群發行人／CEO／王力行
出版事業部總編輯／許耀雲　版權部經理／張紫蘭
法律顧問／理律法律事務所陳長文律師　著作權顧問／魏啟翔律師
社址／台北市104松江路93巷1號2樓
讀者服務專線／（02）2662-0012　傳真／（02）2662-0007；（02）2662-0009　電子信箱／gkids@cwgv.com.tw
直接郵撥帳號／1326703-6號　天下遠見出版股份有限公司
製版廠／東豪印刷事業有限公司　印刷廠／中華彩色印刷股份有限公司　裝訂廠／堅成裝訂股份有限公司
登記證／局版台業字第2517號　總經銷／大和書報圖書有限公司　電話／（02）8990-2588
出版日期／2011年8月30日第一版　2013年4月25日第一版第4次印行　定價／280元

原著書名／「いや！」というよ！性ぼうりょく・ぎゃくたいにあわない
"IYA!" TO IUYOI-SEI BÔRYOKU・GYAKUTAI NI AWANAI
Copyright © 2006 by Masao SHIMAZAKI and Nanami SUMIMOTO
First published in Japan in 2006 by AKANE SHOBO Publishing Co., Ltd.
Traditional Chinese translation rights arranged with AKANE SHOBO Publishing Co., Ltd.
through Japan Foreign-Rights Centre/Bardon-Chinese Media Agency.
Complex Chinese edition rights © 2011 by Global Kids Books,
a member of Commonwealth Publishing Group.
All rights reserved.

ISBN：978-986-216-794-6　（精裝）　書號：KG041　小天下網址：www.gkids.com.tw
※本書如有缺頁、破損、裝訂錯誤，請寄回本公司調換。

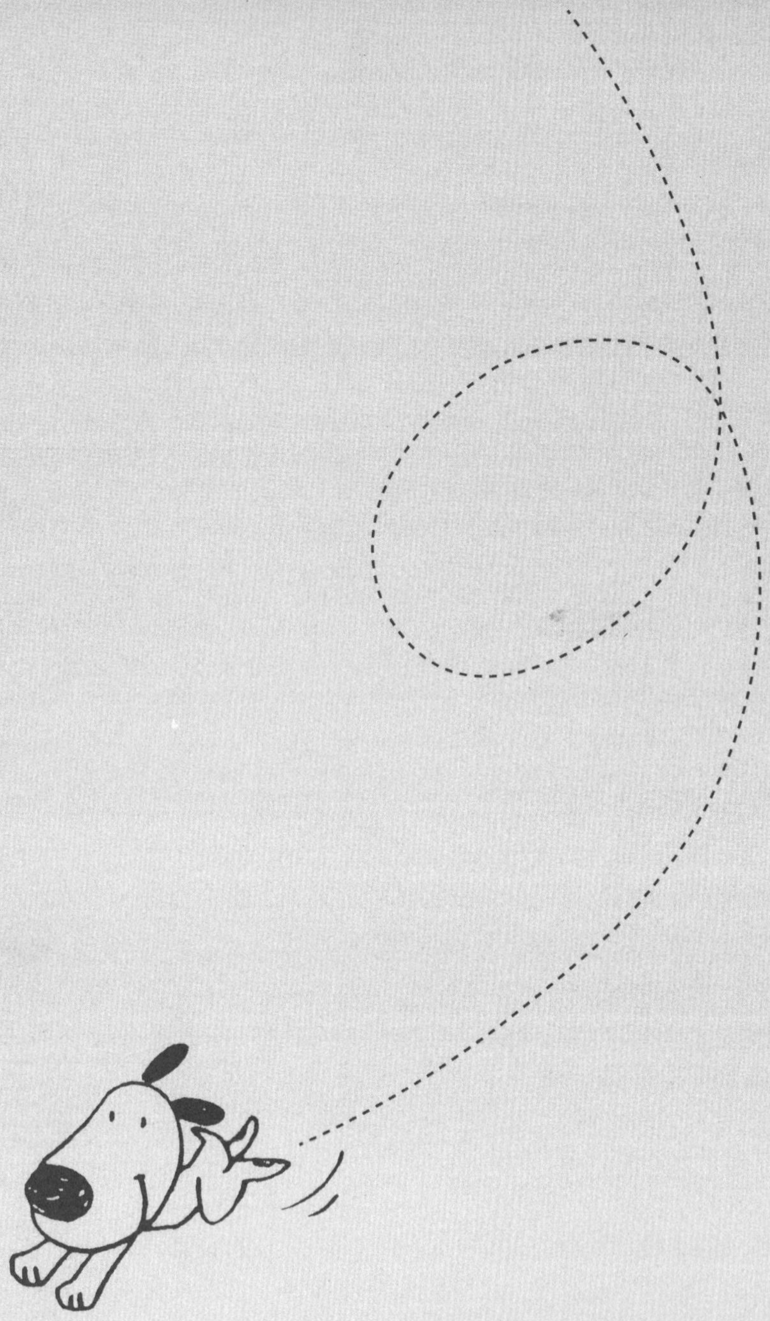